Whales Reducing Carbon by Poop!

In a 2019 report, the International Monetary Fund(IMF) said, "Let's make whale conservation a common goal for all countries signing the Paris Climate Agreement!" Ironically, the IMF is an international 'financial' organization created to stabilize global trade, not to protect the 'environment.' So, why did a group of economists come up with the idea of 'saving' whales?

Because they knew that a single whale has the capacity to absorb as much carbon dioxide as thousands of trees can. They calculated this capacity in monetary terms, like economic experts do. They said that each whale is worth about 2.4 billion won, and all the large whales in existence are worth about 120 trillion won! What do you think? Isn't that a mind-boggling amount of money?

As we all know, carbon dioxide is a major contributor to global warming. But how do whales absorb carbon dioxide? Are whales so unique that they absorb carbon dioxide like plants?

Actually, whales don't absorb carbon dioxide like other animals. It's their poop that plays a key role in this absorption. Whale poop is high in iron, nitrogen, and phosphorus, which are essential for phytoplankton.

Phytoplankton are algae that absorb carbon dioxide to make oxygen. They make more than half of the planet's oxygen! They are the 'forests of the sea'.

If we can use whale poop to increase the ocean's forests, we can greatly reduce carbon dioxide, which could help stop global warming. That's why whales and whale poop are getting so much attention.

Now let's go see the whales!

In the Text

* Whale poop and elephant poop

* Nobel Prize-winning discovery: the Iron Hypothesis

* Earth is an 'iron planet'

* The 'whale pump' and the 'whale conveyor'

* Whale poop stops global warming!

지구 온난화를 막는 고래의 비밀

고래는 똥만 싸도
탄소를 줄인대

풀과바람 환경생각 20

고래는 똥만 싸도 탄소를 줄인대 – 지구 온난화를 막는 고래의 비밀
Whales Reducing Carbon by Poop!

1판 1쇄 | 2025년 4월 29일

글 | 김황
그림 | 끌레몽

펴낸이 | 박현진
펴낸곳 | (주)풀과바람
주소 | 경기도 파주시 회동길 329(서패동, 파주출판도시)
전화 | 031) 955-9655~6
팩스 | 031) 955-9657
출판등록 | 2000년 4월 24일 제20-328호
블로그 | blog.naver.com/grassandwind
이메일 | grassandwind@hanmail.net

편집 | 이영란
디자인 | 박기준
마케팅 | 이승민

ⓒ 글 김황·그림 끌레몽, 2025

이 책의 출판권은 (주)풀과바람에 있습니다.
저작권법에 의해 보호를 받는 저작물이므로 무단 전재와 복제를 금합니다.

값 14,000원
ISBN 979-11-7147-119-5 73490

※ 잘못 만들어진 책은 구입처에서 바꾸어 드립니다.

제품명 고래는 똥만 싸도 탄소를 줄인대	**제조자명** (주)풀과바람	**제조국명** 대한민국
전화번호 031)955-9655~6	**주소** 경기도 파주시 회동길 329	
제조년월 2025년 4월 29일	**사용 연령** 8세 이상	

KC마크는 이 제품이 공통안전기준에 적합하였음을 의미합니다.

⚠ **주의**
어린이가 책 모서리에 다치지 않게 주의하세요.

지구 온난화를 막는 고래의 비밀

고래는 똥만 싸도 탄소를 줄인대

김황 글 · 끌레몽 그림

풀과바람

머리글

국제통화기금(IMF)은 2019년 보고서를 통해 "고래 보호를 파리 기후변화 협약에 서명한 모든 나라의 공동 목표로 삼자!"고 제안했어요. 그런데 국제통화기금은 세계 무역의 안정을 지키기 위해 만든 국제 '금융' 기구예요. '환경'을 지키려는 목적으로 만들어진 기구가 아니죠.

어째서 경제 전문가 집단이 '고래 보호'란 환경 문제에 의견을 내놓았을까요? 그건 고래 한 마리가 수천 그루 나무만큼 이산화탄소 흡수 능력이 있음을 알았기 때문이에요. 그들은 경제 전문가답게 그 능력을 돈으로 계산해 냈어요. 고래 한 마리당 약 24억 원, 현재 있는 대형 고래를 다 합치면 약 1200조 원의 가치가 있다고 해요. 어때요? 정말 깜짝 놀랄 만한 금액이죠?

여러분이 잘 알다시피 이산화탄소는 지구 온난화의 주된 원인이에요. 그렇다면 고래는 어떻게 이산화탄소를 흡수할까요? 고래는 아주 특이해서 식물처럼 이산화탄소를 흡수하는 걸까요?

아니에요. 고래는 다른 동물과 마찬가지로 이산화탄소는 흡수하지 못해요. 흡수에 중요한 역할을 하는 건 바로 고래의 똥! 고래 똥에는 식물플랑크톤에게 꼭 필요한 철, 질소, 인이 많이 들어 있어요.

식물플랑크톤은 미세조류(微細藻類, 광합성을 하는 부유생물)라서 이산화탄소를 흡수해서 산소를 만들어요. 이들이 지구 산소의 절반 이상을 만들어내고 있어요! '바다의 숲'인 셈이죠.

이 '바다 숲'을 늘리는 데 고래 똥이 아주 중요한 역할을 해요. 그래서 고래 한 마리가 수천 그루 나무만큼 이산화탄소 흡수 능력이 있다는 거예요.

혹시라도 고래 똥으로 '바다 숲'을 더욱 늘린다면 이산화탄소가 더 많이 줄어 지구 온난화를 막을 수 있지 않을까요? 그런 까닭에 고래와 고래 똥이 세상의 뜨거운 주목을 받고 있답니다.

그럼 어서 고래를 만나러 출발해요!

김황

차례

1 고래 똥과 코끼리 똥 … 8
　코끼리 똥이 숲을 지킨다 … 9
　고래는 지구에서 가장 큰 생물 … 12
　고래 똥도 '숲'을 지킨다 … 19

2 노벨상급의 대발견! '철 가설' … 22
　플랑크톤에도 식물과 동물이 있다 … 22
　아무도 풀지 못했던 수수께끼 … 29
　수수께끼를 푼 존 마틴 … 32
　'철 가설', '철 이론'이 되다! … 36
　엽록체 만드는 데도 철분이 꼭 필요해 … 40

3 지구는 '철의 행성' … 44
　지구 무게 3분의 1은 철 … 45
　철은 '운반의 달인' … 48
　어부들은 알고 있었다 … 52
　'숲은 바다의 애인' … 56

4 '고래 펌프'와 '고래 컨베이어' … 60
　고래는 무엇을 먹을까? … 60
　영양분을 아래위로 나르는 '고래 펌프' … 65
　영양분을 옆으로 나르는 '고래 컨베이어' … 68

5 고래 똥이 지구 온난화를 막는다! … 72
철로 지구를 식힐 수 있다! … 73
고래 한 마리가 수천 그루 나무 역할을 … 76
4분의 1까지 줄어든 고래 … 80
인공 고래 똥으로 지구를 식히자! … 86
고래를 부탁해! … 90

고래 똥 관련 상식 퀴즈 … 94
고래 똥 관련 단어 풀이 … 96

1 고래 똥과 코끼리 똥

코끼리 똥이 숲을 지킨다

고래 똥 이야기에 앞서서 우선 비교해 볼 수 있는, 코끼리 똥 이야기부터 할게요.

코끼리는 육지에서 덩치가 가장 큰 동물이에요. 아프리카코끼리 수컷의 어깨높이는 약 3m이고, 몸무게는 6t이나 돼요. 과거에는 10t이 넘는 개체도 발견되었어요.

코끼리는 큰 몸집을 유지하기 위해 하루에 100가지 이상 다양한 식물을 200kg이나 먹고, 물도 100L 이상 마셔요.

코끼리가 먹는 풀이나 나무는 영양가가 적어서 코끼리는 영양분이 부족하지 않도록 많이 먹어야 해요. 그래서 하루에 대여섯 시간 빼고는 대부분 먹거나 먹을 것을 찾아 이동해요. 잠도 두 시간 정도밖에 안 자거든요.

코끼리는 인간처럼 가족을 구성하는 동물이에요. 무리는 같은 핏줄의 암컷과 새끼들로 이루어져 있어요. 엄마와 딸, 이모, 사촌 언니로 구성되어 있죠. 수컷은 다 자라면 무리를 떠나지만, 반대로 암컷은 다 자라도 무리에 머물러요.

잘 먹는 코끼리 무리가 한곳에 오래 머물면 어떻게 될까요? 이들의 먹이는 얼마 지나지 않아 모두 없어질 거예요. 그래서 코끼리 대부분은 먹이와 물을 찾아 이동해요.

그런데 코끼리는 먹은 먹이가 절반도 소화되지 않은 채 똥을 싸요. 그 똥 역시 어마어마한 양이어서 아프리카코끼리는 하루에 100kg이나 싸요.

소화가 잘 안되니 똥에는 비료처럼 양양분이 많이 남아 있고, 다양한 식물의 씨앗도 들어 있어요. 똥에 있던 씨앗은 그 영양분 덕분에 빨리 자랄 수 있죠. 식물 중에는 코끼리가 먹어서 똥으로 내보내야만 비로소 싹이 트는 씨앗도 있답니다.

게다가 코끼리는 먹이를 찾아 이동하면서 씨앗이 들어간 영양 만점 똥을 이곳저곳에 누어요. 마치 자연에 씨를 뿌리는 것과 같죠. 그래서 코끼리를 '자연의 씨뿌리개'라고도 불러요.

때로 코끼리는 나무를 쓰러뜨리고 숲을 '파괴'하기도 해요. 하지만 똥으로 씨앗을 뿌리고 다시 숲을 새롭게 만들죠. 코끼리 덕분에 자연은 순환되어 결국 숲이 지켜지는 거예요.

코끼리 똥이 자연에서 아주 중요한 역할을 한다는 것, 이제 알겠죠?

고래는 지구에서 가장 큰 생물

육지에서 가장 큰 동물이 코끼리라면 지구에서 가장 큰 동물은 고래예요. 고래는 거대한 물고기가 아니라 사람처럼 젖으로 새끼를 키우는 포유류예요.

고래 중에서도 가장 큰 고래는 대왕고래예요. 보통 몸길이가 21~26m, 몸무게는 90~125t이에요. 과거에는 몸길이가 33m, 몸무게가 180t에 달한 개체도 발견되었죠.

현재 고래는 90여 종이 있어요. 그런데 어떤 고래를 같은 한 종으로

보는 학자도 있고, 두 종으로 나누어서 보는 학자도 있어요. 실제로 지금은 다른 종으로 취급되는 보리고래와 브라이드고래는 오랫동안 같은 종으로 여겨졌어요. 그래서 딱 90종으로 결정된 건 아니에요.

고래는 크게 '수염고래'(14종)와 '이빨고래'(76종)로 나뉘어요. 이빨고래는 이빨을 가진 고래이고, 수염고래는 이빨 대신 고래수염을 가진 고래예요.

'고래수염'은 위턱에서 입안 아래로 자란 빗살 모양 각질판이에요. 얼핏 이빨이 변한 것처럼 보이지만, 사실 잇몸이 변화한 거예요. '수염'으로 불리지만, 턱이나 뺨에 나는 털이 아니고 손톱과 같은 물질로 이루어져 있어요.

수염고래에는 대왕고래, 혹등고래, 밍크고래, 북극고래 등이 있어요.

수염고래가 커다란 입을 쫙 벌려 바닷물을 한껏 들이마신 다음 고래수염 틈으로 물만 도로 내보내면 입안에 플랑크톤 같은 자잘한 먹이가 남아요. 그럼 고래는 꿀꺽 삼켜 맛있게 먹죠. '플랑크톤'은 물결에 따라 떠다니는 작은 생물을 이르는 말이에요.

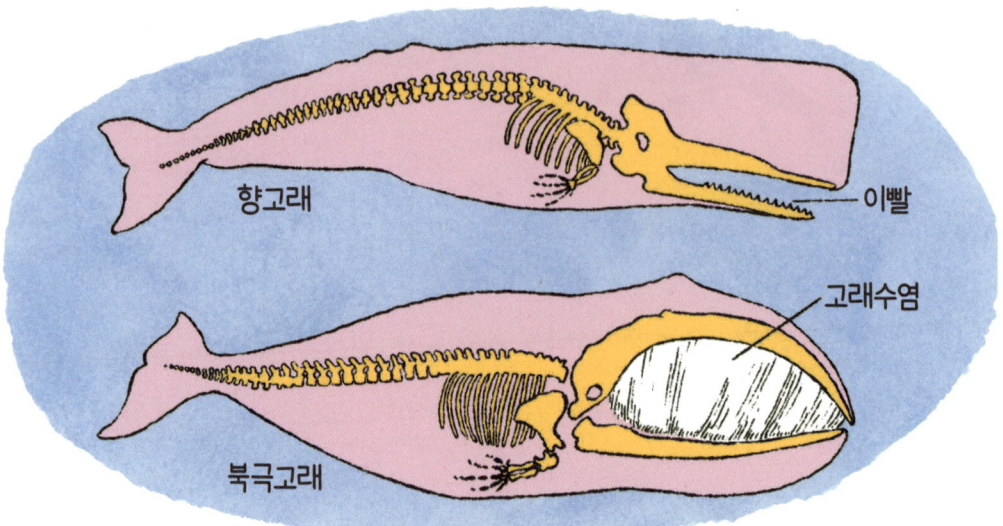

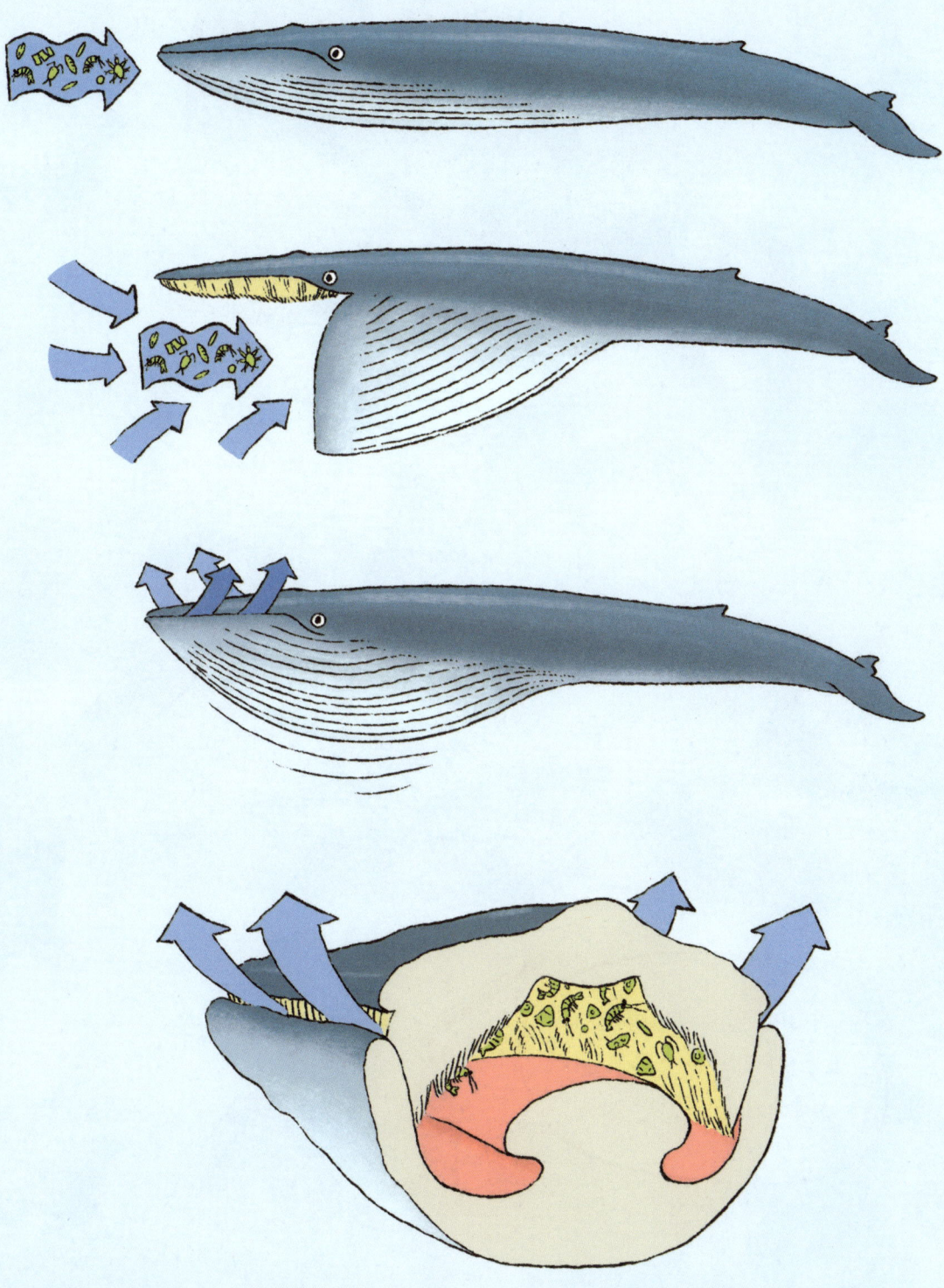

15

이빨고래에는 향고래, 범고래, 민부리고래, 외뿔고래 등이 있어요.

이빨고래 중에서 흔히 몸길이를 대략 4m 기준으로 그보다 큰 것을 '고래', 작은 것을 '돌고래'라 해요. 하지만 이 기준은 모호해요. 예를 들어 꼬마향고래는 몸길이가 3m 정도인데 돌고래라 하지 않고 고래라 부르거든요.

이빨고래는 물고기나 오징어를 먹는데, 이들은 이빨이 있어도 씹어 먹지 않고 그냥 삼켜 먹어요. 이들의 이빨은 먹이를 잡는 데만 이용해요.

고래 똥도 '숲'을 지킨다

고래는 지구에서 가장 큰 동물인 만큼 그 똥의 양도 어마어마해요. 이들의 똥은 묽어서 덩어리로 뭉치기 어렵지만, 일부는 덩어리가 되어 뜨기도 하죠.

고래 똥의 색깔은 누런빛을 띤 갈색이나 붉은 갈색이며 물속에 배출되면 바닷속에 퍼져 마치 연기처럼 보여요.

대왕고래는 '크릴'이란 오렌지색 작은 동물플랑크톤을 즐겨 먹어서 똥도 선명한 오렌지색이에요.

고래 똥 역시 코끼리 똥처럼 영양분이 많아서 '바다의 숲'을 지켜요.

'응? 바다의 숲이라고? 바다에도 나무가 있나?'

혹시 이렇게 생각했나요? 그래요, 우리는 숲이라 하면 땅 위 나무들이 무성하게 우거진 곳을 떠올려요. 하지만 바다에도 다시마나 미역 같은 해조류가 우거진 '해조의 숲'이 있어요.

예를 들어 해달이 많이 사는 미국 캘리포니아 바다에는 거대 다시마, 자이언트 켈프가 우거져 있어 많은 바다 생물이 살고 있어요. 해조도 나무처럼 '광합성'을 해서 산소를 만들어요.

또한, 바다에는 '식물플랑크톤'이란 '바다의 숲'이 있어요. 이들도 식물이라 광합성을 해서 산소를 만들어요. 식물플랑크톤은 바다에만 있는 게 아니라 호수나 강에도 있지요.

바로 이 식물플랑크톤이 지구 산소의 절반 이상을 만들어내고 있어요!

강물이 바다로 흘러가는 하구는 바닷물과 민물이 섞여 해조와 식물플랑크톤이 가장 무성하게 자라는 지역인데, 이 지역의 광합성 능력은 열대우림만큼 힘이 있다고 해요.

우리에게 산소를 만들어 주는 게 육지의 나무나 풀만이 아니라는 사실, 이제 잘 알았죠? 해조도 식물플랑크톤도 나무처럼 산소를 만들어 주니 이들을 '바다의 숲'이라 불러요!

고래의 똥 속에는 이 '바다의 숲'이 자라는 데 꼭 필요한 영양분이 많이 들어 있어 코끼리 똥처럼 숲을 지키는 데 아주 큰 역할을 하고 있어요.

고래 똥에 영양분이 많다는 것을 알았으니, 이제 그것이 어떻게 지구 온난화를 막는지 알아봐요. 그러려면 '철'에 관해 알아야 해요. 그러면 먼저 철 이야기부터 할게요.

2. 노벨상급의 대발견! '철 가설'

플랑크톤에도 식물과 동물이 있다

여러분은 식물과 동물의 차이가 뭐라고 생각하나요?

'움직일 수 있는 게 동물이고, 움직이지 못하는 게 식물이지.'라고 생각할 수 있어요. 그런데 만약 식물이 말을 할 수 있다면 이렇게 말할 거예요.

"아니, 우린 돌아다니지 못하는 게 아니라 그저 돌아다닐 필요가 없는 거라고."

동물은 먹이를 찾기 위해 늘 움직여요. 위험을 피하고자 이동하고, 짝을 만나 후손을 남기려고 이동하기도 하죠.

하지만 식물은 움직이지 않아도 햇빛을 이용해 스스로 영양분을 만들어요. 또 독이나 자극성 물질을 만들어 적을 물리치고, 곤충이나 바람을 이용해 꽃가루를 옮겨서 후손인 씨앗을 만들죠. 어때요, 식물은 움직이지 않고도 모든 일을 해결하죠?

식물과 동물의 가장 큰 차이점은 무엇보다도 먹이를 스스로 만드는지, 못 만드는지에 있어요.

식물은 뿌리에서 빨아올린 물과 기공으로 흡수한 이산화탄소를 햇빛의 힘을 이용해 양분인 '포도당'과 산소를 만들어요. 이런 과정을 '광합성'이라고 해요. 광합성은 식물의 세포 기관인 '엽록체'에서 이루어져요.

　인류는 우주까지 갈 수 있는 뛰어난 과학과 놀라운 기술을 발전시켜 왔으나, 아직 자연의 광합성 작용은 재현해 내지 못했어요.

　호랑이나 사자 같은 육식동물은 고기를 먹고 살지만, 이들의 먹이인 초식동물은 모두 풀을 먹어요. 결과적으로 지구의 모든 생물은 식물이 광합성을 해서 만든 영양분을 먹고 사는 거예요. 어때요, 비록 움직이지 못해도 식물은 정말 대단하지 않나요?

그런데 여러분은 바다, 호수, 강과 같은 물에 사는 아주 작은 생물 플랑크톤에도 식물과 동물이 있다는 걸 알고 있었나요? 식물플랑크톤은 광합성을 하여 스스로 영양분을 만들어요. 동물플랑크톤은 그런 식물플랑크톤을 잡아먹고 살아요. 이 동물플랑크톤을 다시 물고기나 수염고래 등이 즐겨 먹지요.

보통 식물플랑크톤은 1mm보다 작고 다양한 종류가 있는데, 그 속에는 편모를 써서 스스로 움직이는 것들도 있어요. 동물플랑크톤 역시 종류가 다양하며 수염고래들이 즐겨 먹는 크릴은 크기가 3~6cm로 비교적 커요.

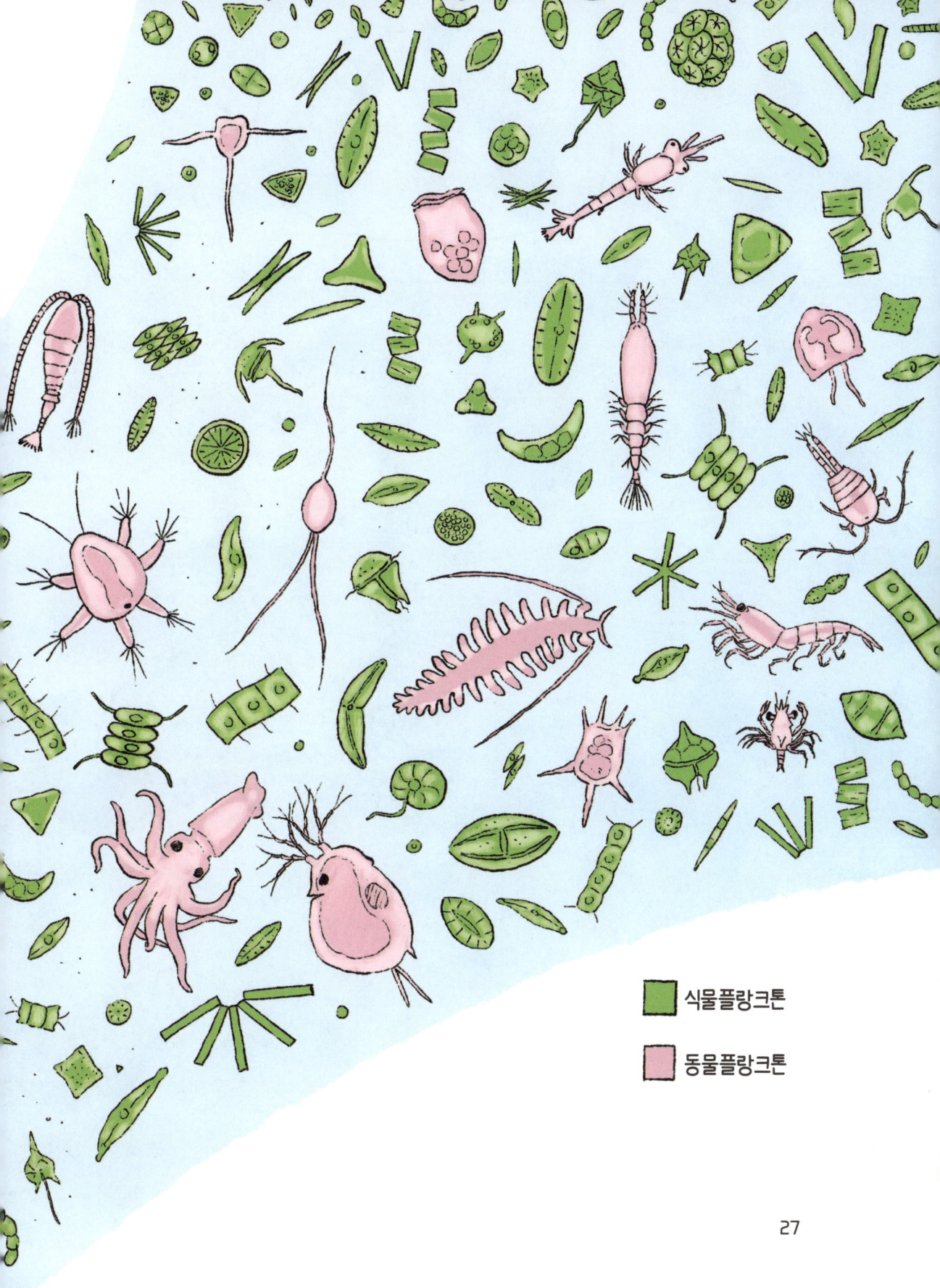

■ 식물플랑크톤

■ 동물플랑크톤

아무도 풀지 못했던 수수께끼

아프리카 사바나 초원에는 푸르디푸른 평야가 펼쳐져 있어요. 누나 얼룩말 등의 초식동물이 초원의 풀을 먹어요. 이들을 잡아먹으려고 사자나 치타 등 육식동물도 초원에 찾아와요.

이렇게 서로 영향을 받는 생물들과 그 주변 환경을 묶어서 '생태계'라 불러요. 사바나 초원 생태계를 떠받치는 게 바로 초원의 풀이에요.

이 관계를 바다로 옮겨 봐요. 사바나 초원의 풀과 같은 위치에 놓인 게 바로 식물플랑크톤이에요. 이를 잡아먹으려고 동물플랑크톤이 찾아오고, 그 동물플랑크톤을 먹으려고 작은 물고기나 수염고래가 찾아오고, 작은 물고기를 잡아먹으려고 다시 큰 물고기가 찾아오지요. 이처럼 바다 생태계를 떠받치는 것은 식물플랑크톤이에요.

60년 정도 전부터 세계 해양학자들이 풀지 못하는 이상한 수수께끼가 있었어요. 식물을 키우는 데 꼭 필요하고, 비료로도 쓰이는 영양분 '질소'나 '인'이 풍부하게 있는데도 웬일인지 식물플랑크톤이 적은 바다가 있는 거예요.

해양학자들은 그 궁금증을 풀기 위해 노력했어요. 그 바다는, 캐나다 서쪽 해안의 알래스카만, 태평양의 적도 부근, 그리고 남극해 해역이에요. 특히 남극해는 세계 바다의 20%를 차지하는 광대한 바다예요.

그곳은 아주 깊은 바다에서 풍부한 영양분을 포함한 심층수가 솟아올라 세상에서 가장 풍요한 바다 가운데 하나예요. 그런데도 식물플랑크톤은 다른 해역보다 확실히 적었어요.

만약 이 바다에 더 많은 식물플랑크톤이 있다면 이들을 먹는 동물플랑크톤이 더욱 많아질 것이고, 결과적으로 지금보다 더 많은 생명이 넘치는 풍요로운 바다가 될 거예요.

그런데 어째서 식물플랑크톤이 적을까요? 남극해를 비롯한 세 해역의 이 이상한 수수께끼를 아무도 풀지 못했어요.

그래서 연구자들은 "목장의 풀을 소가 다 먹어 치우는 듯, 그저 동물플랑크톤이 식물플랑크톤을 다 먹어 치우기 때문이 아닐까요?"라고 말할 수밖에 없었죠.

그 당시 해양학자들 모두 식물플랑크톤이 자라는 데 꼭 필요한 건 '질소'와 '인'뿐이라 생각했거든요.

수수께끼를 푼 존 마틴

아무도 풀지 못한 이상한 수수께끼를 멋지게 풀어낸 사람은 미국의 해양학자 존 마틴 박사예요.

'인간도 동물도 육지 생물은 철, 동, 아연 등 미량 금속이 없으면 못 살아. 혹시 식물플랑크톤도 그런 거 아닐까?'

마틴은 바닷물에 포함된 아주아주 적은 양의 금속량을 홀로 개발한 방법으로 재고 있었어요. 마틴의 측정 기술은 세계 일등이란 평가를 받았는데, 그 측정량은 '나노그램', 10억분의 1그램이란 상상도 못 하는 적은 양이었어요.

아주 적은 양의 금속에 주목한 마틴은 꼭 남극해를 찾아가고 싶었어요. 하지만 마틴은 급성회백수염에 의한 후유증으로 다리가 불편해서 지팡이 없이 걷기가 어려웠어요. 심하게 흔들리는 배 위에서 하는 실험은 그에게는 어려웠죠.

그래서 마틴은 남극해나 알래스카만에 부하 연구원을 보내고 배 위에서 실험을 시켰어요. 이런 연구를 통해 마틴은 식물플랑크톤이 많은 바다와 적은 바다의 차이는 '철분'이란 결론을 얻었어요.

식물은 땅이나 바다에 영양분인 질소나 인이 아무리 많아도 철분이 없으면 이것들을 흡수하지 못해요. '철'은 식물의 생존과 성장에 꼭 필요한 영양소예요.

그런데 바다에는 철이 매우 부족해요. 반면 육지에는 철이 듬뿍 있어요. 바람이 불면 날아오르는 먼지에도 철이 포함되어 있거든요.

마틴은 바람이나 강물을 따라 육지의 철분이 운반된 바다에는 식물플랑크톤이 많고, 반대로 철분이 운반되지 않은 바다에는 식물플랑크톤이 적다는 사실을 발견했어요.

예를 들어 '편서풍'이란 서쪽에서 동쪽으로 치우쳐 부는 지구 규모의 아주 큰 바람이 있어요. 이 바람을 타고 날아오는 '황사'에 철분이 포함되어 있어서 태평양 북부는 물고기나 조개류, 해조류가 풍부한 어장이에요.

'사람도 철이 부족하면 빈혈이 일어나. 역시 남극해 같은 해역에 식물플랑크톤이 적은 이유는 철이 부족하기 때문이구나.'

1988년, 마틴은 자신이 발견한 것들을 논문으로 정리해 세계에서 가장 권위 있는 과학 잡지 <네이처>에 발표했어요.

"영양분이 풍부하고 식물플랑크톤 생물량이 낮은 해역에 철을 뿌려 식물플랑크톤 성장을 촉진하면 대기의 이산화탄소를 줄일 수 있을 것이다."

'철 가설', '철 이론'이 되다!

나에게 유조선 반 척분의 철만 주면, 지구를 빙하기로 만들어 주겠습니다.

세상은 이 논문에 아주 놀랐어요. 마틴의 논문은 '철 가설'로 불리게 되었죠. 아무도 생각하지 못한 것을 세상에 처음 밝히다 보니 믿지 않는 학자들도 많았어요.

"뭐, 이건 그저 배 위에서 한 실험 결과 아닌가요? 실제 바다에서는 철 가설대로는 안 될 수도 있어요."

이렇게 말하는 학자도 있었기에, 마틴은 '가설'이 아니라 '이론'으로 인정받고 싶었어요.

마틴은 식물플랑크톤이 적은 해당 해역에 철을 직접 뿌려서 정말로 식물플랑크톤이 늘어난다는 것을 증명해 냈겠다고 계획했어요.

그러나 마틴은 암을 앓고 1993년에 58세 나이로 세상을 떠나고 말았어요. 이후 4개월 뒤, 식물플랑크톤이 적은 해역의 하나인 태평양 적도 부근에서 마틴의 친구 과학자들이 실제 철을 뿌리는 실험을 시행했어요.

뿌린 철(황산철을 바닷물로 묽게 한 것)의 양은 작은 트럭 한 대에 해당하는 445kg이나 되었어요. 철을 묽게 하는 시간까지 더하면 24시간이나 걸렸죠. 과학자들은 9일간에 걸쳐 바다의 변화를 조심스레 살폈어요.

그러자 마틴이 밝힌 '철 가설'대로, 바다의 식물플랑크톤은 3배가 되었어요.

하지만 이 실험에는 아쉬운 점이 있었어요. 철을 한 번밖에 뿌리지 않아서인지 12배 늘어날 거라는 예상보다 적게 불어났거든요.

1995년에도 같은 곳에서 다시 실험했어요. 이번에는 철을 가져오는 바람이 계속 불 듯이 세 차례로 나누어서 철을 뿌렸어요. 그랬더니 식물플랑크톤이 폭발적으로 발생했어요! 철을 뿌리기 전의 무려 30배가 되었죠.

이렇게 마틴의 '가설'은 입증되어 가설이 아니라 '이론'이 되었어요. 사람들은 마틴의 이론이 노벨상급 대발견이라고 칭찬해요. 지구 온난화 문제를 해결할 수 있다는 희망을 주어서 그렇답니다.

식물은 먼저 몸 안에 철분을 받아들여야 비로소 영양분인 질소도 인도 받아들일 수 있어요. 그것은 해조류도 식물플랑크톤도 마찬가지예요.

식물에 철분이 꼭 필요한 이유는, 이들이 하는 광합성과 밀접한 관계가 있기 때문이에요.

광합성은 식물 세포에 있는 '엽록체'에서 일어나는데, 엽록체가 녹색을 띠는 이유는 '엽록소'라는 초록색 색소 때문이에요. 엽록소가 햇빛을 모아 엽록체에 전달하면, 엽록체는 빛 에너지를 이용해 물과 이산화탄소를 포도당과 산소로 만들어내죠.

이때 철은 엽록소 생성과 엽록체 발달을 도와 광합성 작용이 원활하게 이루어지게 도와요.

육지에는 철이 듬뿍 있어요. 육지 식물은 뿌리를 뻗어서 땅속에 있는 철분을 흡수해 엽록체를 만드니 아무런 문제가 없어요. 하지만 바다에 사는 해조류나 식물플랑크톤은 육지 식물과는 처지가 달라요.

바다에는 철분이 매우 부족하기 때문이죠. 철분이 공급되지 않으면 아무리 영양분이 있어도 잘 자랄 수 없으니까요.

　육지에 가까운 바다, 든바다에는 먼바다인 난바다보다 다양한 생물이 살아요. 육지에서 철분이 잘 공급되어 해조류나 식물플랑크톤이 잘 자라기 때문이죠.

　반대로 난바다는 철분 공급이 잘 이루어지지 않아서 식물플랑크톤이 자라지 않아 생물이 다양하지 않고 수도 적어요.

그런데 예로부터 웬일인지 고래가 많은 바다는 먼바다인데도 식물 플랑크톤이 많다고 알려져 왔어요. 그건 바로 고래가 싸는 똥 속에 많이 포함된 철분, 질소나 인이 식물플랑크톤을 늘려서 그랬던 거예요.

3 지구는 '철의 행성'

나, 지구는 사실 철의 행성이지.

지구 무게 3분의 1은 철

고래 이야기로 돌아가기 전에 철 이야기를 하나 더 할게요. 철이 식물뿐만 아니라, 우리 인간을 비롯한 동물에게 얼마나 중요한지를 꼭 이야기해야 하거든요.

여러분, 혹시 '지구는 물의 행성'이란 말을 들어본 적 있나요? 사실 지구 표면의 약 70%는 물로 덮여 있어요. 세계 최초로 우주여행을 한 러시아의 우주 비행사, 가가린도 "지구는 파랗다."란 유명한 말을 남겼죠.

그런데 실제로는 '지구는 철의 행성'이라고 하는 게 더 정확할지 몰라요.

지구에 사는 모든 생명에 철이 아주 중요한 역할을 하고 있는데, 그것은 지구 탄생과 밀접한 연관이 있어요.

지구는 46억 년 전에 탄생했다고 추측되어요. 원시 지구 표면에 있었던 철은 오랜 세월을 거쳐서 지구 내부로 내려앉게 되었어요.

지구의 내부 중심에는 철이 집중적으로 있어요. '내핵'과 '외핵'의 80%를 철이 차지하고, 지구에서 가장 많은 금속 또한 철이에요. 그래서 철은 지구 무게의 3분의 1을 차지해요. 반면 물의 무게는 0.03%에 지나지 않아요.

지구가 막 탄생했을 무렵, 지구는 주변 미행성들과 계속되는 충돌로 무척 뜨거웠고, 산소가 거의 없는 대기에는 이산화탄소, 메탄 같은 기체가 대부분이었어요. 이 시기를 '원시 지구'라 불러요.

미행성의 충돌이 줄어들고, 원시 지구 내부로 뜨겁고 무거운 물질이 들어가면서 지표면과 대기는 서서히 차가워졌어요. 대기 중 수증기가 응축해 엄청난 양의 비가 내려 바다를 이루었죠. 이 시기 바다에는 지금과 달리 철이 듬뿍 있었던 거예요.

38억 년 전, 철이 충분히 있는 바다에서 지구 최초의 생명체가 탄생했다고 추측되고 있어요.

그러다가 35억 년 전에 '시아노박테리아'란 남세균이 바다에 나타나면서 지구에 큰 변화가 일어났어요! 시아노박테리아는 광합성을 통해 이산화탄소와 질소로 이루어진 원시대기를 산소가 풍부한 대기로 바꿔 주었죠.

약 24억 년 전, 바다에 있던 많은 철은 산소와 결합하여 무거워져 바다 바닥에 가라앉았어요. 이것은 지구 역사 속 큰 사건 중의 하나로 '대산화사건'으로 불려요. 대기 중 산소가 급증해 지구가 생명체가 살 수 있는 곳으로 바뀌는 출발점이 되었거든요.

이렇듯 원래 철이 듬뿍 있던 바다는 현재처럼 철이 부족한 바다가 되어 갔어요.

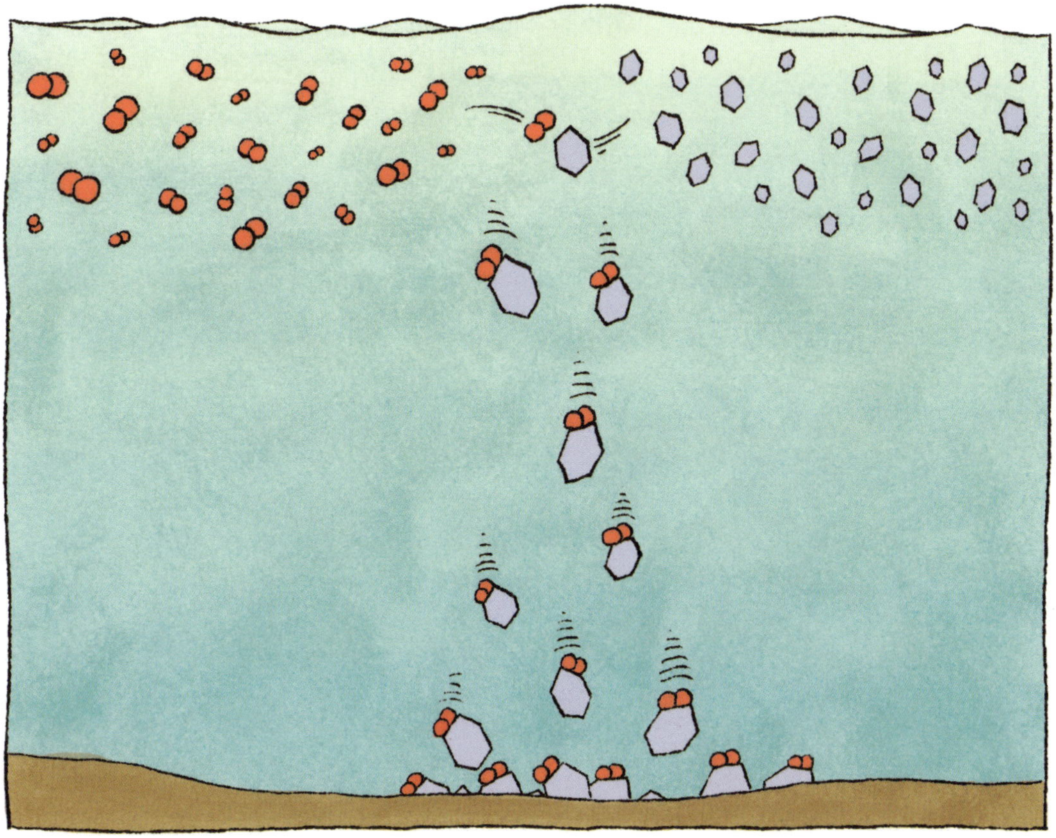

철은 '운반의 달인'

인간의 혈액 구성 성분은 바다의 성분과 닮았어요. 그것은 생명이 바다에서 탄생한 까닭이에요.

혹시 여러분은 피의 맛을 즉, 철 맛을 맛본 적이 있나요? 성분이 비슷하다면 바닷물도 철 맛이 나야 하는데, 바닷물은 철 맛이 나지 않아요. 그것은 생명이 탄생한 시기 바다에는 지금과 달리 훨씬 많은 철이 있었기 때문이지요.

바다에 나타난 초기 생명체는 주변에 충분히 있는 철을 이용해 생명 활동을 했어요. 그 기본 활동은 향후 바다의 철이 적어져도, 생물이 바다에서 육지로 진출해도 바뀌지 않았죠.

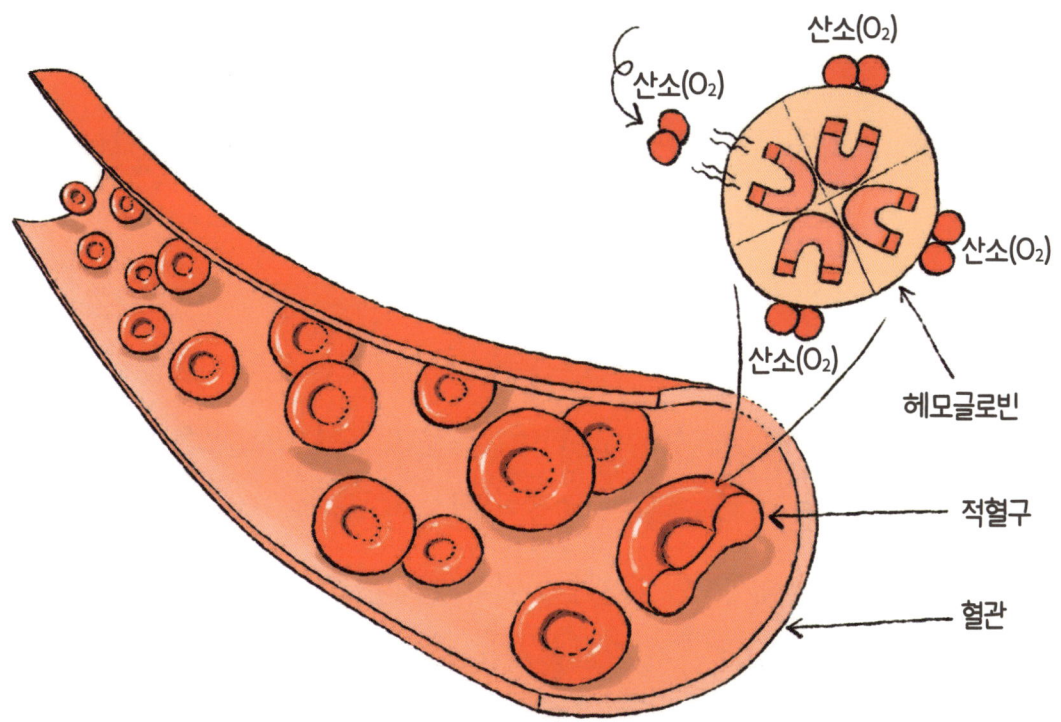

　당연히 우리 인간도 동물도 모두 그래요. 동물은 사실 철이 없으면 숨조차 쉬지 못해요. 동물이 숨을 쉬는 것은 공기 중의 '산소'를 얻고 필요 없는 이산화탄소를 내보내기 위해서예요. 호흡을 통해 들어온 산소를 우리 몸 곳곳에 운반하는 일은 혈액 속 '적혈구'가 하죠.

　적혈구에는 '헤모글로빈'이란 물질이 들어 있는데, 철분을 풍부하게 포함하고 있어요. 피를 핥으면 철을 핥은 것과 똑같은 맛이 나는 건 그 때문이에요.

　보통 철은 은색이지만 산소와 결합하여 녹슨 철은 빨간색을 띠어요. 피가 빨간 것도 헤모글로빈이 산소와 탁 붙어서 그런 거예요.

적혈구 속의 철은 산소와 붙어서 온몸에 산소를 운반하고, 산소를 주는 대신 이산화탄소를 받아요. 이렇게 산소나 이산화탄소를 붙이거나 떼거나 자유로이 할 수 있는 금속은 철뿐이에요. 그래서 철은 '운반의 달인'이죠!

드라마나 영화, 만화 등에 자주 나오는, '청산가리'란 독의 이름을 들어본 적 있나요? 청산가리는 '사이안화칼륨'을 이르는 말로, 적은 양이라도 사람을 죽일 수 있는 맹독이에요. 그런데 단순히 독이라서 사람을 죽이는 게 아니라 과학적인 짜임새가 있어요.

청산가리는 철과의 궁합이 아주 좋아요. 이것을 먹으면 혈액 중의 철이 청산가리와 탁 붙어 버려서 아무리 열심히 숨을 쉬어도 혈액 속 철이 산소를 운반하지 않아요. 결국, 질식해서 죽는 거예요.

어때요? 이제 철이 얼마나 능숙한 운반자인지 잘 알았죠? 보통 일반 남성 몸에는 3.5~5.0g의 철이 있답니다. 반대로 말하면 철분을 잘 섭취하지 않으면 생명을 유지하는데도 지장이 생긴다는 거예요. 빈혈이 일어나죠.

철을 잘 섭취해야 해요. 철분은 닭 간, 돼지 간, 소간, 물고기, 굴, 바지락, 시금치, 매생이, 김, 콩, 브로콜리 등에 많이 들어 있어요.

어부들은 알고 있었다

앞에서 살펴봤듯이, 존 마틴 박사는 인간을 비롯한 동물이 철이나 아연 같은 미량 금속이 없으면 살지 못한다는 점에 주목했어요. 그 덕분에 남극해를 비롯한 세 해역에 식물플랑크톤이 적은 이유가 '철분'이 부족하기 때문이라는 사실을 발견했죠.

그런데 마틴이 이것을 밝히기도 전에 어부들은 벌써 철의 중요성을 경험으로부터 알고 있었어요.

닻이나 쇠사슬이 내버려진 해역에 조개가 많으며, 침몰한 강철선에는 해조류가 빽빽이 자라 최고의 어장이 되는 걸 보았거든요. 철교 밑에서는 다른 곳보다 큰 조개가 잡혔고요.

　2000년쯤 미국 뉴욕의 도시교통국은 1960년대에 만들어지고 40년에 걸쳐 사람을 나르던, 강철로 만든 지하철 차량의 은퇴를 결정했어요. 하지만 처분하려면 큰 비용이 들기에 폐차를 어떻게 없앨지 고민이 컸어요.

　그때 델라웨어주에서 폐차를 달라고 요청했어요. 미국 중부 대서양 연안은 대부분 모래땅이라 물고기가 모여드는 암초가 거의 없어요. 그래서 이 고물 지하철을 바다에 넣어 인공 어초로 활용하려 했죠.

　2001년에 투입해서 7년이 지나자, 물고기 서식 수는 400배가 되었답니다.

낡은 지하철이 어떻게 인공 암초로 변화했는지 여러분은 이제 알죠?

강철로 만들어진 차량에서 조금씩 철분이 녹아나 해조류를 키우고, 식물플랑크톤이 늘어난 거예요. 이를 먹는 조개들과 동물플랑크톤도 늘어났고요. 그러자 물고기 또한 늘어난 거죠. 모두 철 덕분이에요!

어부들은 과학적으로는 그 이유를 몰랐지만, 오랜 경험으로부터 철의 중요성을 감각적으로 알았던 거예요.

'숲은 바다의 애인'

1989년, 일본 미야기현 게센누마시에서 굴을 양식하는 어부들이 산으로 올라가 나무를 심기 시작했어요. 당시 바다 오염이 심각했어요. 더욱이 하구에서 고작 8km 지점에 댐 건설 계획이 발표되자, 양식업을 하지 못하게 될 수도 있다는 위기감이 있었죠.

'더는 가만히 있을 수 없어! 뭔가를 해야 할 텐데, 뭘 어떻게 하면 좋을까?'

어부들의 대표는 프랑스 굴 양식장을 견학했을 때 바다 상류에 있는 큰 숲의 중요성을 깨달았어요. 무엇인가가 숲에서 강물을 따라 바다로 내려와 바다를 건강하게 한다는 걸 알아챘거든요.

과학적 증거는 없었지만, 어부들은 '숲은 바다의 애인'이란 표어를 내세워 다 같이 바다 상류 숲에 활엽수를 심었어요. 또한, 관련 내용을 공부하려고 학습회도 기획했죠.

그 무렵, 우연히 텔레비전에서 한 과학자가 숲이 바다에 얼마나 중요한지 알려 주는 내용이 방송되었어요. 숲이 바다에 '철분'을 공급하는 역할을 한다는 것이었죠.

어부들은 그 과학자를 학습회에 초청했고, 비로소 자신들이 찾던 물질이 '철분'이란 사실을 알았어요. 그때 마틴의 '철 가설'도 처음 듣게 되었죠.

과학자는 학습회에서 어부들에게 자세히 설명했어요.

"산의 나뭇잎이 땅에 떨어지면 땅속 미생물에 의해 '부엽토'가 되고 '펄빅산'이란 성분이 만들어져요. 보통 철은 쉽게 산소와 붙는데, 그러면 입자가 아주 커서 식물은 흡수하지 못해요. 또한, 물에 가라앉죠. 그런데 펄빅산은 산소보다 철과의 궁합이 좋아서 땅속 철과 붙어 '펄빅산 철'이란 물질이 되고 가라앉지 않아요. 물에 녹아 강물을 따라 바다로 가죠. 그 철분을 바다 식물이 이용해요. 과거 바다 가까이에도 숲이 있어서 골짜기 물이 바다로 흘러가 철분을 공급했어요. 그런데 지금은 개발로 그것이 어려워졌어요. 그러므로 바다를 위해 숲에 나무를 심는 것은 과학적으로도 증명된 맞춤 운동입니다!"

어부들과 시민, 과학자들의 노력으로 댐 건설이 취소되고 바다는 원래 건강을 되찾았어요. 하지만 세계 곳곳에서 여전히 숲과 바다의 연결을 끊어 버리는 댐이나 하굿둑이 계속 생기고, 숲의 벌채가 이어지고 있어요. 철분이 바다로 흘러가지 못해 바다 건강은 나빠지고 있고요.

이대로는 지구의 많은 '바다의 숲'이 자라지 못하고, 사막 같은 죽은 바다가 되어 버려요. 그렇다고 지금 있는 댐이나 하굿둑을 즉시 다 철거할 수는 없거든요. 그래서 철분이 많이 포함된 고래 똥이 크게 주목받고 있죠!

4 '고래 펌프'와 '고래 컨베이어'

똑바로 달려들기

수직으로 달려들기

고래는 무엇을 먹을까?

이제부터 다시 고래 이야기를 할게요. 고래는 먹이를 먹는 방법에 따라 '수염고래'와 '이빨고래'로 나뉘어요. 수염고래와 이빨고래는 각각 무엇을 먹을까요?

쉽게 말하면 무리를 통째 먹는 게 수염고래며, 한 마리씩 잡아먹는 게 이빨고래예요.

수염고래들은 주로 '크릴'이란 동물플랑크톤이나 정어리 따위의 작은 물고기를 먹어요.

거꾸로 달려들기
옆으로 달려들기

대왕고래는 입을 벌려 한꺼번에 200t이나 되는 바닷물을 빨아들여요. 200t이 얼마큼인지 가늠하기 어렵죠? 그건 25m 수영장(325t) 절반 이상의 양이에요.

크릴은 잡아먹히지 않도록 낮에는 바다 깊은 곳에 있어요. 대왕고래는 일단 깊은 곳으로 잠수해 크릴 무리를 해수면 부근까지 몰다가 한 묶음씩, 무리를 통째로 먹어요.

대왕고래는 엄청나게 큰 몸을 오직 작은 크릴만 먹고 유지하니까 하루에 16t이나 되는 어마어마한 양의 크릴을 먹는답니다.

그런데 귀신고래(쇠고래)는 다른 수염고래와는 전혀 다른 먹이를 먹어요. 바다 바닥에 사는 새우나 게, 옆새우나 갯지렁이 등 다양한 저서생물을 먹어요. 몸을 옆으로 쓰러지게 해서 입의 한쪽 면으로 바닥을 문지르듯이 헤엄쳐 먹이를 걸러 먹죠. 신기하죠?

이빨고래들은 주로 물고기나 오징어를 먹어요. 바다 위쪽에서 깊은 곳에 이르기까지, 먹이 종류는 아주 다양해요.

이빨고래 중에서 가장 큰 향고래는 오징어를 주로 먹는데, 심해에 사는 아주 큰 오징어인 대왕오징어를 즐겨 먹는 것으로 유명해요.

심지어 이빨고래 속에는 동족인 고래를 잡아먹는 고래도 있어요. 범고래는 북극이나 일부 바다를 빼고 거의 모든 바다에 사는 고래인데, 같은 바다에 살아도 저마다 먹이가 다른 집단이 있어요.

예를 들어 대서양에는 오로지 물고기만 먹는 '타입 1'이란 집단과 몸길이가 타입 1보다 1~2m 더 크며 밍크고래 등 고래를 주식으로 먹는 '타입 2'란 집단이 있어요.

이처럼 범고래는 현재 서식지에 따라 태평양에 3개, 대서양에 2개, 남극해에 5개, 모두 10개의 그룹이 있다고 알려져 있어요. 이 중 몇 개 그룹이 고래나 돌고래를 먹어요. 모든 범고래가 다 고래나 돌고래를 먹는 건 아니에요.

고래의 놀라운 잠수 기록

영양분을 아래위로 나르는 '고래 펌프'

고래는 잠수를 잘하지만, 포유류니 꼭 숨을 쉬어야 해요. 머리 위에 붙은 코로 숨을 쉬는데, 콧구멍은 수염고래는 두 개며, 이빨고래는 하나예요. 이빨고래 중 몸집이 작은 것들을 '돌고래'라 부르는데, 이들도 이빨고래라 당연히 콧구멍은 하나예요.

고래는 놀라운 잠수 능력을 갖추고 있어요. 고래 중에서도 특히 향고래와 민부리고래가 깊이, 오래 잠수하기로 유명해요.

향고래는 먹이인 대왕오징어를 사냥하려고 자주 심해로 잠수해요. 향고래가 수심 3000m 이상 잠수한다는 연구 보고가 있는데, 향고래의 위장 내용물에서 수심 3000m에서만 사는 생물이 나왔기 때문이에요. 향고래는 숨도 오래 참아 90분 정도 잠수할 수 있어요.

민부리고래는 무려 222분이나 잠수한다는 놀라운 결과가 발표되었어요. 미국의 듀크대학교 연구팀이 2014년에서 2018년까지 23마리의 민부리고래에 표식을 붙여 총 3680번의 잠수를 기록하여 분석한 결과를 2020년에 발표했죠. 이에 따르면 2017년에 222분, 즉 3시간 42분을 잠수한 민부리고래가 있다는 게 확인됐어요.

북방짱구고래와 민부리고래처럼 부리고랫과 고래들이 뛰어난 잠수 실력을 갖추었어요. 심해에 서식하는 물고기나 오징어, 문어 등을 잡아먹으려고 일부 종은 수심 3000m 깊이까지 잠수하죠.

고래는 숨을 쉬기 위해, 먹이를 찾기 위해 바다의 표면과 깊은 곳을 자유로이 오가요. 그리고 똥은 반드시 해수면에서 싸요. 깊은 바다에는 '수압'이란 물의 높은 압력이 있어서 똥을 싸기가 어렵거든요.

이처럼 고래는 바다 깊은 곳에 있던 먹이, 그러니까 영양분을 똥이란 방법으로 해수면 가까이 뽑아 올려 주어요. 이것이 마치 펌프 같다고 해서 '고래 펌프'라 불려요. 고래가 바닷속에서 먹이를 먹고 해수면에서 배설하면, 영양분이 다시 바다 위로 퍼지는 영양 순환 과정이지요.

과거 남극해에서는 수많은 고래가 고래잡이로 죽임을 당했어요. 고래가 많이 사라져 먹이인 남극의 크릴은 당연히 늘어날 거로 생각되었으나 결과는 정반대로 줄어들었어요.

여러분은 이제 그 이유를 알죠? 고래 펌프에 의해 운반되는 철분이 줄어 식물플랑크톤도 줄어서 그걸 먹는 남극의 크릴 또한 줄었던 거예요.

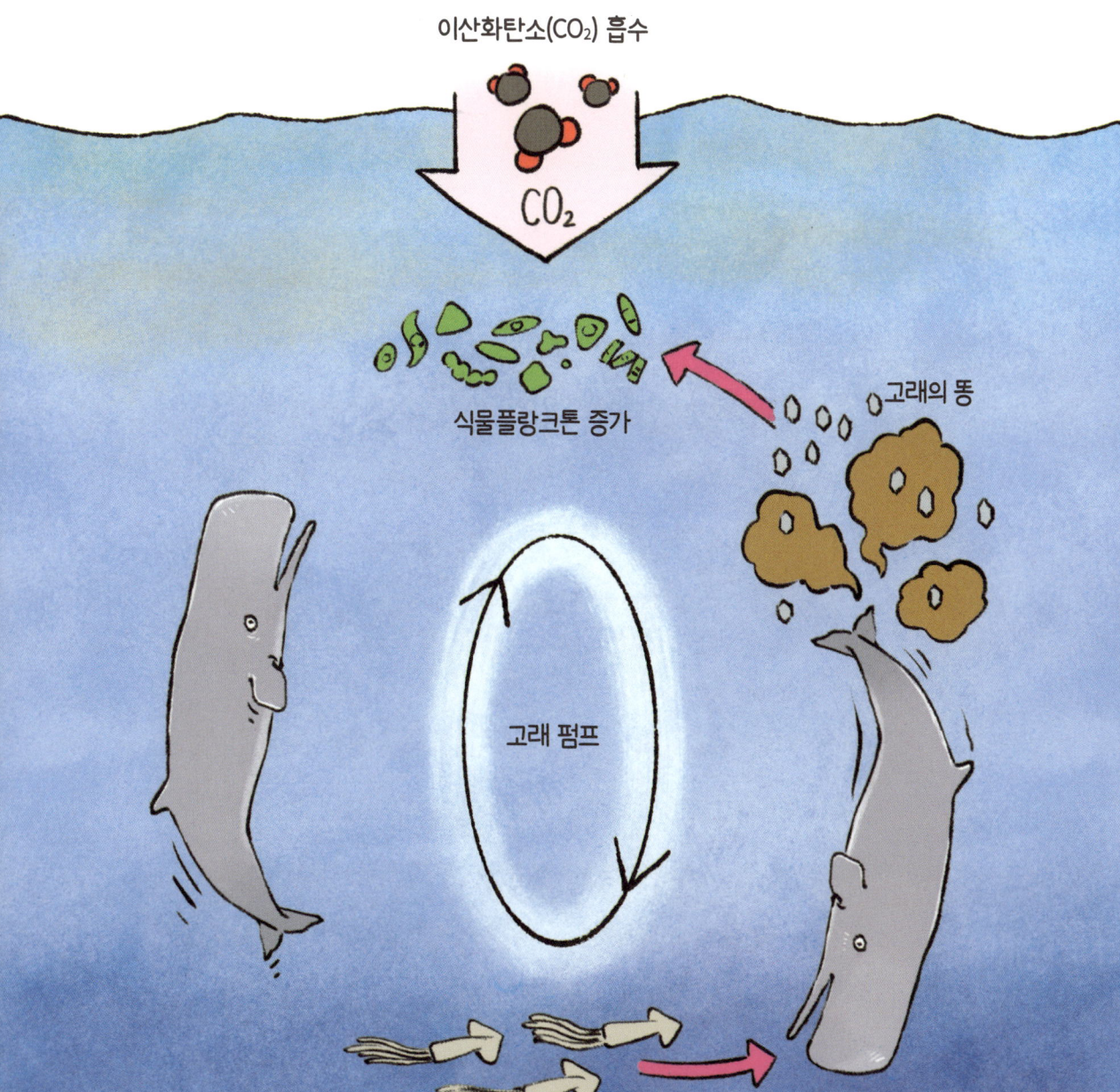

영양분을 옆으로 나르는 '고래 컨베이어'

이빨고래 대부분은 장거리 이동을 하지 않아요. 예외적으로 향고래 수컷은 이동해요. 향고래는 코끼리처럼 같은 핏줄의 암컷과 새끼들로 무리가 이루어져 있어서 크면 수컷은 무리를 떠나요.

수컷은 혼자서 장거리를 이동하면서 지내다가 가끔 이동하지 않는 암컷 무리가 있는 바다로 돌아와 암컷과 함께 지내다가 짝짓기해요.

한편 수염고래들은 장거리를 이동해요. 이들에도 예외가 있어서 북극고래와 일부 브라이드고래는 이동하지 않아요.

특히 혹등고래는 장거리 이동으로 유명해요. 아라비아해와 북인도양의 일부 그룹을 빼고, 여름에는 먹이가 풍요한 극지방의 차가운 바다로 이동하고, 겨울에는 적도 부근 등 따뜻한 바다에서 짝을 찾거나 새끼를 낳아 키우려고 몇천 킬로미터를 이동해요.

극지방 바다는 여름이 되면 먹이인 동물플랑크톤이나 작은 물고기가 많아져 아주 좋은 먹이터가 돼요. 한편 겨울에는 아주 차가워지고 먹이도 적어져 다시 이동해야 해요.

먹으면 소화되어 나오는 게 똥이잖아요. 고래들은 이동하면서 영양 만점의 똥을 싸요.

지구 모든 바다에 영양분이 충분히 있지는 않아요. 오히려 부족한 바다가 더 많죠. 고래는 그런 바다에 철분뿐만 아니라 질소나 인 등 식물에 있어서 아주 중요한 영양분을 똥으로 제공해요.

그 모습이 마치 컨베이어를 닮았다고 하여 '고래 컨베이어'로 불려요. '컨베이어'는 물건을 연속적으로 이동하거나 운반하는 띠 모양의 운반 장치예요.

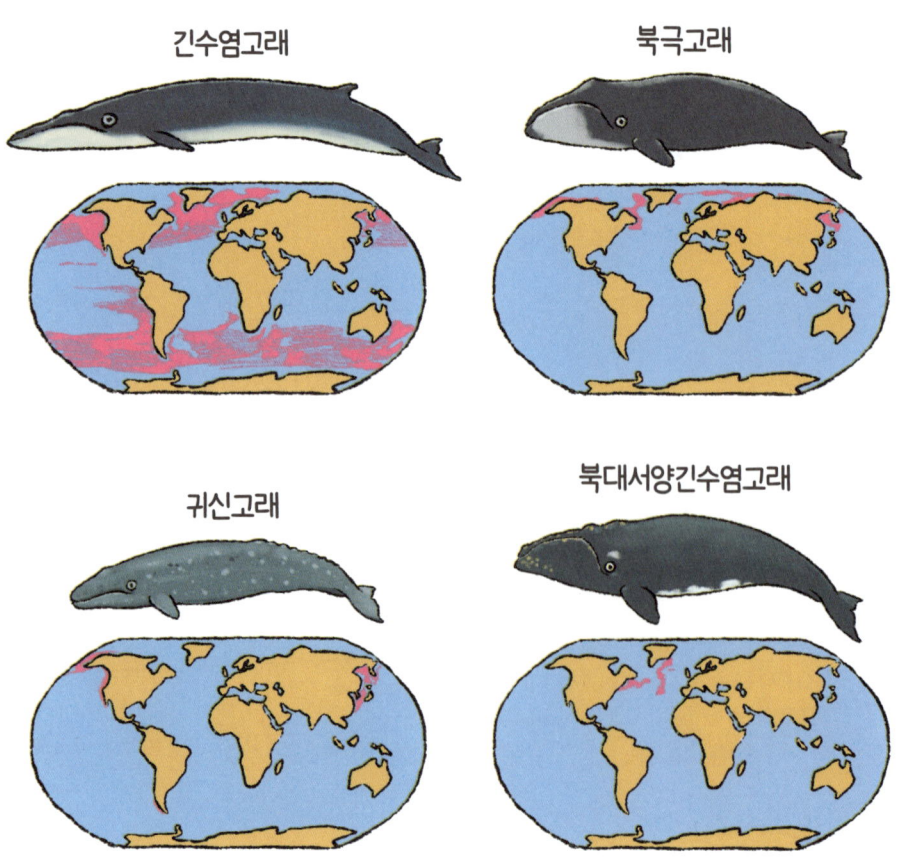

'고래 펌프'가 아래위 수직적인 움직임이라 하면 '고래 컨베이어'는 양옆 수평적인 움직임이에요.

고래는 호흡이나 식사, 새끼를 낳아 키우기 위해 해면에서 심해까지 광대한 해역을 여기저기 헤엄쳐 돌아다니며 바다에 꼭 필요한 영양분을 운반해요. 똥으로 숲을 지키는 '자연의 씨뿌리개', 코끼리 못지않게요!

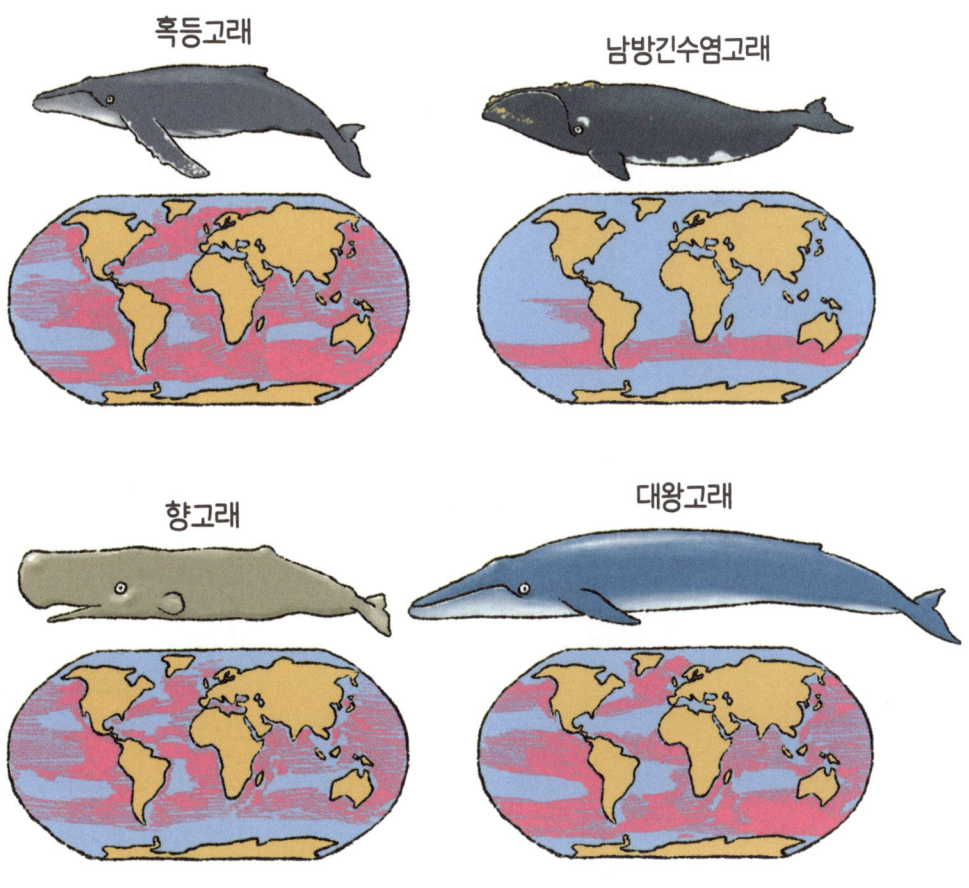

5 고래 똥이 지구 온난화를 막는다!

철로 지구를 식힐 수 있다!

존 마틴 박사는 "나에게 유조선 반 척분의 철만 주면, 지구를 빙하기로 만들어 주겠습니다."란 유명한 말을 남겼어요. 이 말은 어떤 의미일까요?

사실 마틴은 식물플랑크톤이 적은 바다의 수수께끼를 풀면서 동시에 또 다른 수수께끼에도 도전했어요.

남극해를 비롯한 영양분은 충분히 있는데도 식물플랑크톤이 적은 바다에서 이들이 늘었다 줄었다 하는 일이 혹시 지구 기후와 관련이 있는 것은 아닌지 고민했죠.

마틴이 연구하던 당시에 대기 중의 이산화탄소 증가가 지구 온난화의 주된 원인이라고 알려지기 시작했어요.

남극대륙에는 최고 4000m, 평균 2450m 두께의 얼음이 쌓여 있어요. 이 얼음에 가두어진 옛날 공기를 분석하면 과거의 기후도 알아낼 수 있죠.

빙하시대 중 기후가 차가워지는 시기를 '빙기', 따뜻한 시기를 '간빙기'라 하며, 지구는 약 258만 년 전에서부터 10만 년 정도 주기로 빙기와 간빙기를 되풀이하고 있어요.

가장 최근 빙기의 공기 중 이산화탄소는 200ppm(1ppm은 100만분의 1을 가리킴)이었어요. 인류 문명의 역사가 시작된 이후에는 대략 280ppm으로 안정되었는데, 산업혁명으로 증기기관차의 연료로 석탄을 태우기 시작한 이후 280ppm을 넘기 시작하고, 2000년에는 368ppm이 되었어요.

과거와 비교해서 이산화탄소가 현저히 많아졌죠? 그래서 지구 온난화의 주된 원인이 이산화탄소로 알려진 거예요. 현재는 400ppm을 넘어섰어요.

마틴은 과거 얼음 속에 있는 철분에 주목했어요. 조사한 결과, 그가 예상한 대로 철분을 포함한 풍진이 지금의 10~20배나 들어 있었어요.

빙하기 남극해에는 철분이 잘 공급되어 식물플랑크톤이 많았던 거예요. 마틴은 이들의 광합성으로 대기 중의 이산화탄소가 적었다고 확신했죠.

마틴은 잡지나 텔레비전의 인터뷰에서 이런 말을 했어요.

"빙하기 바다 수위는 지금보다 훨씬 낮아서 육지가 더 많았고 건조했어요. 육지에서 철분을 포함한 먼지가 바람을 타고 식물플랑크톤이 적은 바다로 마구 쏟아졌다고 해 볼까요. 식물플랑크톤이 대량으로 발생해 대기 중 막대한 양의 이산화탄소를 바다로 받아들였을 거예요. 덕분에 이산화탄소가 묽어져 빙하기를 지연시킨 게 틀림없습니다. 남극의 빙하기 얼음을 조사하니 풍진이 지금의 10~20배나 들어 있었습니다."

그러다가 자신만만하게 "나에게 유조선 반 척분의 철만 주면, 지구를 빙하기로 만들어 주겠습니다."란 말을 한 거죠. 이 말은 '철로 지구를 식힐 수 있다.'라는 뜻이에요!

고래 한 마리가 수천 그루 나무 역할을

2019년, 국제통화기금(IMF)은 보고서를 통해 "고래 보호를 파리 기후변화협약에 서명한 모든 나라의 공동 목표로 삼자!"고 제안했어요. 어째서 경제 전문가 집단이 '고래 보호'란 환경 문제에 의견을 내놓았을까요?

앞에서도 이야기한 것처럼 식물플랑크톤이 지구 산소의 절반 이상을 만들어내요. 이들이 흡수하는 이산화탄소는 대략 370억 t으로 추측돼요. 지구에서 발생하는 이산화탄소의 약 40%를 흡수하는 셈이죠.

나무 한 그루가 1년 동안에 흡수하는 이산화탄소는 최대 22kg이에요. 식물플랑크톤의 이산화탄소 흡수 능력을 나무로 치면 1조 7천억 그루에 달하며, 이것은 '지구의 허파'로 불리는 아마존의 열대우림 네 개 몫에 해당한답니다.

고래 똥에는 바닷속 식물플랑크톤에 꼭 필요한 철분이 많이 포함되어 있어서 고래가 이동한 곳마다 식물플랑크톤들이 늘어나요.

만약 고래에 의해 식물플랑크톤이 1%만 증가했다고 해도 해마다 흡수되는 이산화탄소는 몇억 t이나 불어나요. 그것은 20억 그루의 다 자란 나무가 갑자기 눈앞에 나타나는 것과 똑같아요!

게다가 이런 효과는 고래의 평균 수명인 60년을 더 넘어서 오래 계속돼요.

이 밖에도 물고기나 조개 등 어족 자원의 증가나 생태 관광 등 고래가 가져오는 경제적 이익은 어마어마해요. 국제통화기금은 경제 전문가 집단답게 고래의 그런 능력을 돈으로 치밀하게 계산해서 보고서에 썼어요.

"우리의 계산으로는 대형 고래가 여러 가지 활동으로 낳는 평균 가치는 적게 보아도 한 마리당 약 24억 원, 현재 있는 대형 고래를 다 합치면 1200조 원을 넘는다!"

우리 고래의 가치가 한 마리당 24억 원이나 된다고?!

현재 고래 수는 과거와 비교해 많이 줄었어요. 세계 약 130만 마리의 고래가 있다고 생각되고 있으나, 이 수는 과거 '근대 고래잡이'를 시작했을 때 있던 400만~500만 마리의 4분의 1에 지나지 않아요.

인류는 아주 오래전부터 고래를 사냥했어요. 울산의 반구대 암각화(국보 제285호)에 그려진 것처럼 우리나라에서도 고래잡이가 이루어졌죠.

1868년, 배 앞부분에 설치된 포로 작살을 발사하여 고래를 잡는 방법이 완성된 이후를 '근대 고래잡이'라고 해요. 근대 고래잡이배들은 고래 몸 안에 듬뿍 든 기름을 얻으려고 바다 곳곳을 누비며 닥치는 대로 고래를 잡아들였어요.

고래에서 얻어진 기름은 양초, 비누의 원료가 되었어요. 특히, 향고래 기름은 갖가지 기계를 원활하게 움직이게 하는 윤활유로 쓰여 인기가 높았죠. 고래의 수난은 석유가 발견되어 널리 쓰일 때까지 계속되었어요.

가장 표적이 된 고래는 한 번의 고래잡이로 가장 많은 기름을 얻을 수 있는 대왕고래였어요. 이들은 근대 고래잡이 이전에는 20만~30만 마리가 있었다고 해요.

석유 덕분에 고래기름의 쓰임이 줄어도 고래의 수난은 계속되었어요. 주변 바다에서 고래가 다 사라지자, 일부 나라는 멀리 남극해까지

찾아가 고래를 잡았거든요. 마가린의 원료나 애완견 먹이용 고기를 얻기 위해서요.

    고래 수가 점점 줄어들자, 사람들은 고래가 다 사라지는 것은 아닌지 걱정하기 시작했어요. 1948년, 세계 여러 나라는 고래를 보호하기 위해 국제기구인 '국제포경위원회(IWC)'를 세우고 고래잡이의 규칙을 만들었어요. 잡아도 좋은 고래는 무엇이고, 그 마릿수는 얼마인지를 의논했죠.

　대왕고래 수가 계속 줄어들자, 1964년에는 남극해의 고래잡이를 금지했고, 1982년에는 모든 바다에서 금지했어요. 현재 대왕고래의 개체 수는 5천에서 1만 5천 마리(2018년 기준) 정도로 추정되고 있어요. 근대 고래잡이가 시작되었을 때는 20만 마리 있었다고 생각되었죠. 그런데 고래잡이가 한참이었던 1930년, 1931년에는 한 해에 3만 마리나 포획되었다고 해요. 얼마나 많이 줄었는지 알겠죠?

　희망이 전혀 없는 것은 아니에요. 혹등고래는 연안을 천천히 헤엄치

며 노는 습성 때문에 잡기 쉬워 근대 고래잡이 이전부터 표적이 되어 멸종 위기에 놓였어요.

다행히 멸종 위기종으로 지정되어 국제적으로 보호받기 시작하며 서서히 개체 수가 회복되어, 멸종 위기를 벗어나 고래 보호의 작은 희망이 되고 있답니다.

국제포경위원회는 1986년, 상업적 고래잡이를 금지했어요. 하지만 회원국(2025년 현재 88개국)이 적은 것을 이용해 가입하지 않은 나라에 교묘히 고래잡이를 시켜 고기를 수입하거나, 탈퇴해 다시 고래잡이를 하는 나라도 있었죠.

슬픈 일이지만 고래의 천적은 지금도 계속 인간인 셈이에요. 인간의 손길로 고래가 사라져 생태계가 무너진다면 결국엔 우리 인간도 멸망하지 않을까요.

그래서 국제통화기금은 보고서를 통해 고래 보호를 파리 기후변화협약에 서명한 190개국 모든 나라의 공동 목표로 삼자고 제안한 거예요.

도망치자! 사람이 가장 위험해!

인공 고래 똥으로 지구를 식히자!

마틴의 '철 가설'은 바다에 철을 뿌리기만 하면 식물플랑크톤이 대량으로 발생할 수 있고, 이에 따라 이산화탄소를 줄일 수 있다는 이론이에요. 온실가스인 이산화탄소를 줄인다면 지구 표면을 식힐 수 있고요.

하지만 이를 반대하는 과학자들도 적지 않아요. 철 공급 효과가 아직 명확하게 증명되지 않았기 때문이죠. 더욱이 지구 온난화를 막기 위해 철이 거의 없는 바다에 갑자기 철을 많이 뿌리면 생태계에 어떤 영향을 줄지, 부작용은 없는지도 확인되지 않았고요.

그런데 최근 '고래 펌프'와 '고래 컨베이어' 연구 결과가 발표되면서, 고래가 바다 식물플랑크톤에 꼭 필요한 철분을 똥으로 바다에 뿌려 주고 있음이 밝혀졌어요. 고래 똥은 천연자원이기에 생태계 파괴를 걱정하지 않아도 되죠.

지금 당장에 고래를 지킨다고 인류가 온 힘을 다해 보호한다고 해도 고래가 원래 개체 수를 회복하는 데까지는 몇십 년이나 걸릴 거예요. 그것을 기다리는 동안에도 이산화탄소는 계속 늘어날 테고요.

그래서 과학자들은 인공적으로 만든 고래 똥을 바다에 뿌려 '고래 펌프'나 '고래 컨베이어' 역할을 대신할 수는 없는지 실험하며 연구하고 있어요.

현재 인도 서해안에서 고래 똥 기능을 인공적으로 재생하자는 국제적 프로젝트도 시작했죠. 이것은 영국, 남아프리카, 인도의 6개 대학과 연구기관이 함께하는 국제적인 연구예요.

 인공 고래 똥 재료는 물에 뜨는 쌀겨와 식물의 세포벽에 포함되는 '리그닌'이란 물질, 그리고 철광석 등 자연 유래 성분을 섞은 거예요.

 연구팀은 이것을 주변 바다에 영향을 주지 않도록 주의하면서 신중히 바다에 뿌려 보았고, 그 결과 식물플랑크톤이 증가한 것을 확인했어요. 앞으로는 다른 바다에서도 실험할 예정이랍니다.

 여러분, 이제 지금 고래와 고래 똥이 왜 세계의 뜨거운 주목을 받고 있는지 잘 알았죠?

 앞으로 자연의 고래 똥과 인간이 만든 '인공 고래 똥'이 지구 온난화를 막는 데 큰 역할을 할 거예요.

고래를 부탁해!

　책을 읽다 보니, 고래가 더욱 사랑스럽게 느껴지지 않나요? 인간에 의해 여전히 위기에 빠져 있는 고래에게 미안함을 느끼며, 고래를 위해 작은 힘이라도 보태기 위해 무엇을 할 수 있을지 생각하게 되었을 거예요.

　어린이 여러분이 고래를 위해 가장 먼저 무엇을 할 수 있을까요? 고래와 사람이 더불어 살자면 무엇보다 먼저 바다 쓰레기를 줄여야 해요.

　최근 전 세계에서 생산되는 플라스틱은 매해 3억 t이 넘어요. 이 중 재활용되지 못한 3천만 t이 땅에 묻히거나 태워지고, 800만 t 정도는 바다로 흘러간다고 해요.

　바다로 흘러간 플라스틱을 고래들이 먹이와 헷갈려 먹어 버려요. 덩

치가 큰 수염고래들은 크릴이나 작은 물고기 무리를 통째로 먹으니 먹이와 쓰레기를 일일이 가려내지 못하죠.

쓰레기를 먹이로 헷갈리는 건 수염고래만이 아니에요. 캐나다 바닷가에서 발견된 몸무게 4.5t의 향고래 사체 위장에서 7.6kg에 달하는 플라스틱 쓰레기가 발견된 바 있어요. 플라스틱 쓰레기가 고래 위장에 상처를 입혀 죽은 것이죠.

고래가 소화할 수 없는 큰 플라스틱 조각이 위에 남아 있으면 포만감을 느끼므로 몸무게가 줄고 기력을 잃게 되면서 생명이 위협받는다고 해요.

여러분이 해안과 강가의 쓰레기를 열심히 줍는 건 아주 중요한 일이에요. 만약 바닷가나 강가에 가지 못하더라도 일상생활에서 플라스틱 쓰레기를 줄이는 데 앞장서 주는 것만으로도 당연히 고래를 비롯한 바다 생물을 지킬 수 있어요.

수염고래들이 주식으로 먹는 건 크릴이었지요? 이 크릴도 꼭 지켜 주어야 해요.

남극해 크릴은 남극의 생태계를 밑으로부터 떠받치는 아주 아주 중요한 생물이며, 고래는 물론이고 펭귄과 바다표범, 많은 물고기도 크릴에 의지해서 살고 있어요. 그런데 이 중요한 먹이인 크릴을 세상에서 세 번째로 많이 남극에서 잡는 나라가 안타깝게도 우리나라예요. 우리는 남극의 고래에, 남극의 자연에 무거운 책임을 지고 있는 거예요.

그러니 이 문제에도 여러분이 더욱 관심을 두어야 해요. 이 책으로 배운 것들을 어른들에게 잘 전해 주는 일은 크릴을 지키는 일, 나아가서 고래를 지키는 일로 이어질 수 있거든요. 이것 또한 근사한 고래 보호 활동이죠.

이 책을 끝까지 읽어 준 어린이들 가운데 고래를, 나아가 자연을 지킬 세계적인 고래 연구자가 탄생하길 기대해 봅니다.

고래 똥 관련 상식 퀴즈

01 육지에서 가장 큰 동물이 코끼리라면 지구에서 가장 큰 동물은 고래예요.
○ ✕

02 고래 중에서도 가장 큰 고래는 범고래예요. ○ ✕

03 고래는 먹이를 먹는 방법에 따라 '수염고래'와   로 나뉘어요.

04 '고래수염'은 위턱에서 입안 아래로 자란 빗살 모양 각질판이에요. ○ ✕

05 '플랑크톤'은 물결에 따라 떠다니는 작은 생물을 이르는 말이에요. ○ ✕

06 이빨고래는 물고기나 오징어를 먹는데, 이빨로 잘근잘근 씹어 먹어요.
○ ✕

07 고래 똥의 색깔은 누런빛을 띤 갈색이나 붉은 갈색이에요. ○ ✕

08 대왕고래는   이란 오렌지색 작은 동물플랑크톤을 즐겨 먹어요.

09 바다에도 다시마나 미역 같은 해조류가 우거진 '해조의 숲'이 있어요.
○ ✕

10 해조도 나무처럼   을 해서 산소를 만들어요.

11 식물플랑크톤은 지구 산소의 절반 이상을 만들어내요. ○ ✕

12 식물은 뿌리에서 빨아올린 물과 기공으로 흡수한   를 햇빛의 힘을 이용해 양분인 '포도당'과 산소를 만들어요.

13 광합성은 식물의 세포 기관인 '엽록체'에서 이루어져요. ○ ✕

14 서로 영향을 받는 생물들과 그 주변 환경을 묶어서 '생태계'라 불러요.
○ ✕

15. 식물플랑크톤이 자라는 데 꼭 필요한 건 '질소'와 '인'뿐이에요. ○ ×
16. '철'은 식물의 생존과 성장에 꼭 필요한 영양소예요. ○ ×
17. 엽록체가 녹색을 띠는 이유는 _____ 라는 초록색 색소 때문이에요.
18. 철은 엽록소 생성과 엽록체 발달을 도와 광합성 작용이 원활하게 이루어지게 도와요. ○ ×
19. 지구 표면의 약 70%는 철로 덮여 있어요. ○ ×
20. _____ 는 광합성을 통해 이산화탄소와 질소로 이루어진 원시대기를 산소가 풍부한 대기로 바꿔 주었어요.
21. 호흡을 통해 들어온 산소를 우리 몸 곳곳에 운반하는 일은 혈액 속 '적혈구'가 해요. ○ ×
22. 적혈구 속의 철은 산소와 붙어서 온몸에 산소를 운반하고, 산소를 주는 대신 이산화탄소를 받아요. ○ ×
23. 고래는 포유류이지만, 물속에 살아 꼭 숨을 쉬지 않아도 돼요. ○ ×
24. 고래는 바다 깊은 곳에 있던 영양분을 똥이란 방법으로 해수면 가까이 뽑아 올려 주어요. ○ ×
25. '고래 펌프'가 아래위 수직적인 움직임이라 하면 '고래 컨베이어'는 양옆 수평적인 움직임이에요. ○ ×

정답
01 ○ 02 × 03 이빨고래 04 ○ 05 ○ 06 × 07 ○ 08 크릴 09 ○
10 광합성 11 ○ 12 이산화탄소 13 ○ 14 ○ 15 × 16 ○ 17 엽록소 18 ○
19 × 20 시아노박테리아 21 ○ 22 ○ 23 × 24 ○ 25 ○

고래 똥 관련 단어 풀이

광합성 녹색식물이 빛을 이용하여 이산화탄소와 물로부터 영양분을 만드는 과정.

국제통화기금(IMF) 1947년 3월에, 세계 무역의 안정을 지키기 위해 만든 국제 금융 기구.

급성회백수염 폴리오바이러스의 감염으로 손발의 마비가 일어나는 급성 전염병.

기공 식물의 잎이나 줄기의 겉껍질에 있는 공기 구멍.

남세균 광합성을 통해 산소를 만드는 세균.

내핵 지하 약 5100km의 깊이에서 지구 중심부에 이르기까지의 부분.

도모산 신경 계통에 손상을 입혀 기억상실증을 일으키는 신경독소.

동물플랑크톤 광합성을 하지 못하고 식물플랑크톤이나 일부 세균을 먹이로 삼는 플랑크톤.

미세조류 현미경으로 봐야 볼 수 있는 아주 작은 조류.

부엽토 풀이나 낙엽 따위가 썩어서 된 흙.

생물량 어느 지역 내에 생활하고 있는 생물의 현존량.

식물플랑크톤 물속에서 광합성을 하며 물에 떠서 살아가는 작은 식물군.

신경독소 코브라 독소처럼 신경 계통에 작용하는 독소.

심층수 바다나 호수 따위의 아주 깊은 밑층의 물.

엽록소 식물 잎 엽록체 안에 들어 있는 초록색 색소.

엽록체 식물 세포 안에 있는 둥그런 소기관.

외핵 지구 표면에서 깊이 2900km에서 5100km 사이에 위치한 부분.

저서생물 바다, 늪, 하천, 호수 따위의 밑바닥에서 사는 생물.

지구 온난화 지구의 기온이 높아지는 현상.

컨베이어 물건을 연속적으로 이동하거나 운반하는 띠 모양의 운반 장치.

크릴 동물플랑크톤의 한 종류로, 작은 새우와 비슷하며, 주로 남극 주변 바다에 산다.

파리 기후변화협약 온실가스의 배출을 줄이기 위해 체결된 기후변화협약. 교토 기후협약을 대체하여 참여 당사국 모두에게 온실가스 감축 의무를 부여함. 2015년 12월에 프랑스 파리에서 개최된 기후변화협약 제21차 당사국 총회에서 채택됨.

펄빅산 땅속에서 동식물의 퇴적물이 미생물에 의해 오랜 기간 분해되어 만들어진 천연 유기물.

편모 세포 일부가 분화해 긴 채찍 모양의 털처럼 된 운동기관.

편서풍 위도 30~65도 사이의 중위도 지방에서 1년 내내 서쪽에서 동쪽으로 치우쳐 부는 바람.

풍진 바람에 날리는 티끌.

피피엠(PPM) parts per million. 농도의 단위. 어떤 양이 전체의 100만분의 몇을 차지하는가를 나타낼 때 사용함.

황사 중국을 중심으로 한 동아시아 내륙의 모래.

황산철 황산의 수소 원자가 철 원자로 바뀌어 놓인 화합물을 통틀어 이르는 말.

참고 자료

- 《코끼리 똥이 숲을 지킨다고?》, 김황, 풀과바람, 2022
- 《鉄は魔法つかい(철은 마법사)》, 畠山重篤, 小学館, 2011
- 《鉄で海がよみがえる(철로 바다가 되살아난다)》, 畠山重篤, 文春文庫, 2012
- 《クジラ・イルカの疑問 50(고래와 돌고래의 의문 50)》, 成山堂書店, 2018
- 《日本はなぜ世界で一番クジラを殺すのか(일본은 왜 세계에서 가장 많이 고래를 죽이는가)》, 星川淳, 幻冬舎, 2007
- 〈고래 인공 똥 이산화탄소 흡수할까?〉 일본 아사히신문, 2022년 9월 9일호
- 〈自然が示す気候変動の解決法(자연이 가리키는 기후 변동의 해결법)〉 Finance & Development, 2019년 12월호